Raoul Téves

Soucis

Mes neuf poèmes

Arbres.

Je vis les arbres bouger
Et puis ils étaient verts
Quelques cris d'enfants des Ethers
Un talus victime des hauts cieux
Du vide vers la nuit,
Et un jour bleu des acidulés bleus,
Réclamé de l'éclair;
Du temps infidélisant,
Et du lieu décidément
Qui est là.

Je vis les arbres bouger
En triste fin d'aube,
Nuit...

Raoul Téves 18

Vive le testament de Dieu !

Parcours
Dans les lambeaux
Sombres
Des coeurs
Puis tu marches
Tu ries
Mais que t'imagines
Tu ?
  Grand clown
Qui peint
En noir
Restaure l'égout
D'un côté
Avec ton rat
Toi-même
Et la petite souris
Grise qui
Courre t'apprendre
Dans les rues
Ton cri
De maccabé,
Qui n est bon
Qu'à effrayer

Esothérique

On a une seule
Impatience
C'est attendre que le jour
Se lève,

Et voir cette visible
Trace
Des chants noirs
Et jaunis;

Dans cette pré-aube
La part de l'homme
Est seule
Et dans la vraie clarté

Un loup passe
Souvenez-vous
De vos vieilles angoisses
Debussy.

Bars.

Des bars de Ronds-points,
Sur des routes abandonnées
Cela est donné et refait
Au fond d'un ciné
Sombre et oublié d'inconnus

Bar des ronds points
Cadastre évangélisateur
De la toupie en circuit
Au coeur vert, et de
La Sumer.

Ronds-points...

Estelle...

A l'écoute de
Ce ciel obscur
Tout s'echauffe
Dans les lacs
De bourgogne;
Les seigneurs

Ressortent de
Leurs cheminées
Laissant leurs
Petites filles
Seules et blessées,

Accoudées à
Des rêves de Rivages
Toutes garnissantes
Comme le maïs,
Et l'oeil tout rougi
De la torture morcellée.

Art

Nous sommes
Dans le monde
Où le con parle
Et où Eros
Est mort

Le citoyen est
Fondu
Ainsi que l'art
De la grande pensée,

Que faire
Nous réfléchisseurs ?
Prendre le poing
Pour redonner
Aux hommes
La lumière des origines,
Du langage, et
De la liberté
Tristes siècles Machineux !

JP

Il m'a sorti
Son petit trésor
Une petite boite
Appelée «Dorée»
Il était clochard
Et un ami.

Cette hirondelle

Elle était
Passée…
Cette hirondelle
Toute première
Toute chercheuse,
Pour tous.
Du mois d'avril…
C'était les grandes armées.

Le génie de Daniel Guichard

Le génie de daniel Guichard,
Le soir sur un banc.
Daniel l'ange généreux,
Qui fit partir les mémoires,
De la comète des nuits;

Edith et Daniel,
Les enfants de la pensée,
Songe français,

Et près des lacs
Des banlieues sablonneuses!

R.T. 04

FIN

© 2021, Raoul Téves
Édition : BoD – Books on Demand, 12/14 rond-point des Champs-Élysées, 75008 Paris.
Impression : BoD - Books on Demand, Norderstedt, Allemagne
ISBN: 9782322250431
Dépôt légal : mai 2021